열두 개의 달 시화집 플러스 十一月

# 오래간만에 내 마음은

오래간만에 내 마음은

열두 개의 달 시화집 플러스 十一月.

윤동주 외 지음 ― 모리스 위트릴로 그림

MAURICE UTRILLO

저녁달

# 차례

# 첫눈

눈이 내립니다, 첫눈이 내립니다.
삼승버선 엎어 신고 사뿟사뿟 내려앉습니다.
논과 들과 초가집 용마루 위에
배꽃처럼 흩어져 송이송이 내려앉습니다.

조각조각 흩날리는 눈의 날개는
내 마음을 고이 고이 덮어 줍니다.
소복 입은 아가씨처럼 치맛자락 벌이고
구석구석 자리를 펴고 들어앉습니다.

그 눈이 녹습니다, 녹아내립니다.
남몰래 짓는 눈물이 속으로 흘러들듯
내 마음이 뜨거워 그 눈이 녹습니다.
추녀 끝에, 내 가슴 속에, 줄줄이 흘러내립니다.

CABARET
DU
LAPIN

Montmartre

Maurice, Utrillo, V.
1938

참새

윤동주

가을 지난 마당은 하이얀 종이
참새들이 글씨를 공부하지요.

째액째액 입으로 받아 읽으며
두 발로는 글씨를 연습하지요.

하로종일 글씨를 공부하여도
쨱자 한 자 밖에는 더 못쓰는 걸.

# 가슴 2

윤동주

늦은 가을 쓰르래미
숲에 싸여 공포에 떨고,

웃음 웃는 흰 달 생각이
도망가오.

# 사랑은

사랑은 겁 없는 가슴으로서
부드러운 님의 가슴에 건너 매여진
일렁일렁 흔들리는 실이니

사람이 목숨 가리지 않거든
그 흔들리는 실 끊어지기 전
저 편 언덕 건너가자.

Pontoise. Rue de l'Éperon et rue de la Coutellerie.    Maurice Utrillo. V.

첫겨울

오장환

감나무 상가지
하나 남은 연시를
가마귀가
찍어 가더니
오늘은 된서리가 내렸네
후라딱딱 휘이
무서리가 내렸네

독수리 집의
녹나무 마른 가지를
석양이 비껴가네


鷲の巢の樟の枯枝に日

노자와 본초

# 참회록

윤동주

파란 녹이 낀 구리거울 속에
내 얼굴이 남아 있는 것은
어느 왕조(王朝)의 유물(遺物)이기에
이다지도 욕될까.

나는 나의 참회(懺悔)의 글을 한 줄에 줄이자.
── 만 이십 사년 일개월을 무슨 기쁨을 바라 살아 왔던가.

내일이나 모레나 그 어느 즐거운 날에
나는 또 한 줄의 참회록을 써야 한다.
── 그때 그 젊은 나이에 왜 그런 부끄런 고백(告白)을 했던가.

밤이면 밤마다 나의 거울을
손바닥으로 발바닥으로 닦아 보자.

그러면 어느 운석(隕石) 밑으로 홀로 걸어가는
슬픈 사람의 뒷모양이
거울 속에 나타나온다.

## 해후

박용철

그는 병난 시계같이 휘둥그래지며 멈칫 섰다.

저녁때 외로운 마음

김영랑

저녁때 저녁때 외로운 마음
붙잡지 못하여 걸어다님을
누구라 불어주신 바람이기로
눈물을 눈물을 빼앗아가오

초겨울
세찬 바람에도 지지 않고
흩날리는 초겨울비로구나


木枯(こがらし)の地にも落さぬ時雨(しぐれ)かな


무카이 교라이

# 흐르는 거리

윤동주

으스럼히 안개가 흐른다. 거리가 흘러간다. 저 전차(電車),
자동차(自動車), 모든 바퀴가 어디로 흘리워 가는 것일까?
정박(碇泊)할 아무 항구(港口)도 없이, 가련한 많은 사람들을
싣고서, 안개 속에 잠긴 거리는,

거리 모퉁이 붉은 포스트상자를 붙잡고 섰을라면 모든 것이
흐르는 속에 어렴풋이 빛나는 가로등(街路燈), 꺼지지 않는
것은 무슨 상징(象徵)일까? 사랑하는 동무 박(朴)이여! 그리고
김(金)이여! 자네들은 지금 어디 있는가? 끝없이 안개가 흐르는데,

「새로운 날 아침 우리 다시 정(情)답게 손목을 잡어 보세」 몇 자(字)
적어 포스트 속에 떨어뜨리고, 밤을 새워 기다리면 금휘장(金徽章)에
금(金)단추를 삐었고 거인(巨人)처럼 찬란히 나타나는 배달부(配達夫),
아침과 함께 즐거운 내림(來臨),

이 밤을 하염없이 안개가 흐른다.

# 달같이

윤동주

연륜이 자라듯이
달이 자라는 고요한 밤에
달같이 외로운 사랑이
가슴하나 뻐근히
연륜처럼 피어 나간다.

겨울

정지용

빗방울 나리다 유리알로 굴러
한밤중 잉크빛 바다를 건너다.

Montmartre

Maurice Utrillo V.

싸늘한 이마

박용철

큰 어둠 가운데 홀로 밝은 불 켜고
앉아 있으면 모두 빼앗기는 듯한 외로움
한 포기 산꽃이라도 있으면 얼마나한
위로이랴

모두 빼앗기는 듯 눈덮개 고이 나리면
환한 온몸은 새파란 불 붙어 있는 인광(燐光)
까만 귀또리 하나라도 있으면 얼마나한
기쁨이랴

파란 불에 몸을 사루면 싸늘한 이마
맑게 드리어 기어가는 신경의 긴지리움
기리는 별이라도 맘에 있다면 얼마나한
즐검이랴

비에도 지지 않고

비에도 지지 않고
바람에도 지지 않고
눈에도 여름 더위에도 지지 않는
튼튼한 몸으로
욕심은 없이
결코 화내지 않으며
늘 조용히 웃고
하루에 현미 네 홉과
된장과 채소를 조금 먹고
모든 일에 자기 잇속을 따지지 않고
잘 보고 듣고 알고
그래서 잊지 않고
들판 소나무 숲 그늘 아래
작은 초가집에 살고

동쪽에 아픈 아이 있으면
가서 돌보아 주고
서쪽에 지친 어머니 있으면
가서 볏단 지어 날라 주고
남쪽에 죽어가는 사람 있으면
가서 두려워하지 말라 말하고
북쪽에 싸움이나 소송 있으면
별거 아니니 그만두라 말하고
가뭄 들면 눈물 흘리고
냉해 든 여름이면 허둥대며 걷고
모두에게 멍청이라고 불리는
칭찬도 받지 않고
미움도 받지 않는
그러한 사람이
나는 되고 싶다

# 雨ニモマケズ

みやざわけんじ

雨ニモマケズ
風ニモマケズ
雪ニモ夏ノ暑サニモマケヌ
丈夫ナカラダヲモチ
慾ハナク
決シテ瞋ラズ
イツモシヅカニワラッテヰル
一日ニ玄米四合ト
味噌ト少シノ野菜ヲタベ
アラユルコトヲ
ジブンヲカンジョウニ入レズニ
ヨクミキキシワカリ
ソシテワスレズ
野原ノ松ノ林ノ蔭ノ
小サナ萱ブキノ小屋ニヰテ

東ニ病気ノコドモアレバ
行ッテ看病シテヤリ
西ニツカレタ母アレバ
行ッテソノ稲ノ束ヲ負ヒ
南ニ死ニサウナ人アレバ
行ッテコハガラナクテモイヽトイヒ
北ニケンクヮヤソショウガアレバw
ツマラナイカラヤメロトイヒ
ヒデリノトキハナミダヲナガシ
サムサノナツハオロオロアルキ
ミンナニデクノボートヨバレ
ホメラレモセズ
クニモサレズ
サウイフモノニ
ワタシハナリタイ

Maurice, Utrillo, V.
1925.

Basilique de Longpont (Seine-et-Oise).

# 돌아와 보는 밤

윤동주

세상으로부터 돌아오듯이 이제 내 좁은 방에 돌아와 불을
끄옵니다. 불을 켜 두는 것은 너무나 피로롭은 일이옵니다.
그것은 낮의 연장(延長)이옵기에—

이제 창(窓)을 열어 공기(空氣)를 바꾸어 들여야 할 텐데
밖을 가만히 내다보아야 방(房)안과 같이 어두워 꼭 세상
같은데 비를 맞고 오던 길이 그대로 비 속에 젖어 있사옵니다.

하루의 울분을 씻을 바 없어 가만히 눈을 감으면
마음속으로 흐르는 소리, 이제, 사상(思想)이 능금처럼
저절로 익어 가옵니다.

꼭지 빠진 감
떨어지는 소리 듣는
깊은 산


蔕おちの柿のおときく新山哉


야마구치 소도

무서운 시간(時間)

거 나를 부르는 것이 누구요,

가랑닢 입파리 푸르러 나오는 그늘인데,
나 아직 여기 호흡(呼吸)이 남아 있소.

한 번도 손들어 보지 못한 나를
손들어 표할 하늘도 없는 나를

어디에 내 한 몸 둘 하늘이 있어
나를 부르는 것이오.

일을 마치고 내 죽는 날 아츰에는
서럽지도 않은 가랑닢이 떠러질 텐데……

나를 부르지 마오.

# 새 한 마리

이장희

날마다 밤마다
내 가슴에 품겨서
아프다 아프다고 발버둥치는
가엾은 새 한 마리.

나는 자장가를 부르며
잠재우려 하지만
그저 아프다 아프다고
울기만 합니다.

이느딧 자장가도
눈물에 떨구요.

백지편지

장정심

쓰자니 수다하고 안 쓰잔 억울하오
다 쓰지 못할바엔 백지로 보내오니
호의로 읽어보시오 좋은 뜻만 씨웠소

황혼(黃昏)이 바다가 되어

윤동주


하루도 검푸른 물결에
흐느적 잠기고……잠기고……

저— 웬 검은 고기떼가
물든 바다를 날아 횡단(橫斷)할고.

낙엽(落葉)이 된 해초(海草)
해초(海草)마다 슬프기도 하오.

서창(西窓)에 걸린 해말간 풍경화(風景畵).
옷고름 너어는 고아(孤兒)의 설움.

이제 첫 항해(航海)하는 마음을 먹고
빈바닥에 나뒹구오……뒹구오……

황혼(黃昏)이 바다가 되어
오늘도 수(數)많은 배가
나와 함께 이 물결에 잠겼을게오.

# 홍시

정지용

어적게도 홍시 하나.
오늘에도 홍시 하나.

까마귀야. 까마귀야.
우리 남게 웨 앉었나.

우리 옵바 오시걸랑.
맛뵐라구 남겨 뒀다.

후락 딱 딱
훠이 훠이!

Maurice Utrillo, V.
Juillet 1926,

# 추억

노자영


지나간 옛 자취를
더듬어 가다가
눈을 감고 잠에 빠지면

아, 옛일은 옛일은
꿈에까지 와서
이렇게도 나의 마음을
울려 주는가

꿈에 놀란 외로움이
눈을 뜨면
새벽닭이 우는 하늘 저편에
지새던 별이 눈물을 흘린다

# 흰 그림자

윤동주

황혼(黃昏)이 짙어지는 길모금에서
하루종일 시들은 귀를 가만히 기울이면
땅거미 옮겨지는 발자취소리,

발자취소리를 들을 수 있도록
나는 총명했던가요.

이제 어리석게도 모든 것을 깨달은 다음
오래 마음 깊은 속에
괴로워하던 수많은 나를
하나, 둘 제 고장으로 돌려보내면
거리 모퉁이 어둠속으로
소리 없이 사라지는 흰 그림자,
흰 그림자를
연연히 사랑하던 흰 그림자들,

내 모든 것을 돌려보낸 뒤
허전히 뒷골목을 돌아
황혼(黃昏)처럼 물드는 내 방으로 돌아오면

신념(信念)이 깊은 의젓한 양(羊)처럼
하루종일 시름없이 풀포기나 뜯자.

너의 그림자

박용철

하이얀 모래
가이없고

적은 구름 우에
노래는 숨었다

아지랑이 같이 아른대는
너의 그림자

그리움에
홀로 여위어간다

Amicalement à Georgette Chameau,
1923, Maurice, Utrillo, V,

# 유리창 2

二十六日

내어다 보니
아조 캄캄한 밤,
어험스런 뜰앞 잣나무가 자꼬 커올라간다.
돌아서서 자리로 갔다.
나는 목이 마르다.
또, 가까히 가
유리를 입으로 쫏다.
아아, 항 안에 든 금붕어처럼 갑갑하다.
별도 없다, 물도 없다, 쉬파람 부는 밤.
소증기선(小蒸汽船)처럼 흔들리는 창(窓).
투명(透明)한 보라ㅅ빛 누뤼알아,
이 알몸을 끄집어내라, 때려라, 부릇내라.
나는 열(熱)이 오른다.
뺌은 자라리 연정(戀情)스레히
유리에 부빈다, 차디찬 입마춤을 마신다.
쓰라리, 알연히, 그싯는 음향(音響) —
머언 꽃!
도회(都會)에는 고흔 화재(火災)가 오른다.

# 눈 오는 저녁

노자영

흰 눈이 밀행자(密行者)의 발자욱같이
수줍은 듯 사뿐사뿐 소리 곱게 내리네
송이마다 또렷또렷 내 옷 위에 은수(銀繡)를 놓으면서

아, 님의 마음 저 눈 되어 오시나이까?
알뜰이 고운 모습 님 마음 분명하듯
그 눈송이 머리에 이고 밤거리를 걸으리!
정말 님의 마음이시거던 밤이 새도록 내리거라

함박눈 송이송이 비단 무늬를 짜듯이
내 걷는 길을 하얗게 하얗게 꾸미시네
손에 받아 곱게 놓고 고개 숙일까?
이 마음에도 저 눈처럼 님이 오시라

밟기도 황송한 듯 눈을 감으면
바스락바스락 귓속말로 날 부르시나?
흰 눈은 송이마다 백진주를 내 목에 거네.

Sacré-Cœur de Montmartre
et Square Saint-Pierre,

Maurice, Utrillo, V,
1935,

멋 모르고

　　　　　　　　　　윤곤강

멋 모르고 사는 동안에
나는 어느새 반이나마 늙었네

야윈 가슴 쥐어뜯으며
나는 긴 한숨도 쉬었네

마지막 가는 앓는 사람처럼
외마디소리 질러도 보았네

보람 없이 살진대, 차라리
죽는 게 나은 줄 알기야 하지만

멋 모르고 사는 동안에
나는 어느새 반이나마 늙었네

Montmartre.

Maurice Utrillo.

# 밤의 시름

윤곤강

오라는 사람도 없는 밤거리에 홀로 서면
먼지 묻은 어둠 속에 시름이 거미처럼 매달린다

아스팔트의 찬 얼굴에 이끼처럼 흰 눈이 깔리고
빌딩의 이마 위에 고드름처럼 얼어붙는 바람

눈물의 짠 갯물을 마시며 마시며 가면
흐미하게 켜지는 등불에 없는 고향이 보이고

등불이 그려 놓는 그림자 나의 그림지
흰 고양이의 눈길 위에 밤의 시름이 깃을 편다

# 별똥 떨어진 데

윤동주

밤이다.

하늘은 푸르다 못해 농회색으로 캄캄하나 별들만은 또렷또렷
빛난다.
침침한 어둠뿐만 아니라 오싹오싹 춥다.
이 육중한 기류 가운데 자조하는 한 젊은이가 있다.
그를 나라고 불러두자.

나는 이 어둠에서 배태되고 이 어둠에서 생장하여서 아직도
이 어둠 속에 그대로 생존하나보다.
이제 내가 갈 곳이 어딘지 몰라 허위적거리는 것이다.
하기는 나는 세기의 초점인 듯 초췌하다.
얼핏 생각하기에는 내 바닥을 반듯이 받들어 주는 것도 없고
그렇다고 내 머리를 갑자기 내려 누르는 아무것도 없는
듯하다마는 내막은 그렇지도 않다.
나는 도무지 자유스럽지 못하다.
다만 나는 없는 듯 있는 하루살이처럼 허공에 부유하는 한 점에
지나지 않는다. 이것이 하루살이처럼 경쾌하다면 마침
다행할 것인데 그렇지를 못하구나!

이 점의 대칭 위치에 또 하나 다른 밝음의 초점이 도사리고 있는 듯 생각킨다. 덥석 움키었으면 잡힐 듯도 하다.

마는 그것을 휘잡기에는 나 자신이 순질(純質)이라는 것보다 오히려 내 마음에 아무런 준비도 배포치 못한 것이 아니냐. 그러고 보니 행복이란 별스런 손님을 불러들이기에도 또 다른 한 가닥 구실을 치르지 않으면 안 될까 보다.

이 밤이 나에게 있어 어릴 적처럼 한낱 공포의 장막인 것은 벌써 흘러 간 전설이오, 따라서 이 밤이 향락의 도가니라는 이야기도 나의 염원에선 아직 소화시키지 못할 돌덩이다. 오로지 밤은 나의 도전의 호적(好敵)이면 그만이다.

이것이 생생한 관념세계에만 머무른다면 애석한 일이다. 어둠 속에 깜박깜박 조을며 다닥다닥 나란히한 초가들이 아름다운 시의 화사(華詞)가 될 수 있다는 것은 벌써 지나간 제너레이션의 이야기요, 오늘에 있어서는 다만 말 못하는 비극의 배경이다.

이제 닭이 홰를 치면서 맵짠 울음을 뽑아 밤을 쫓고 어둠을 짓내몰아 동켠으로 훠언히 새벽이란 새로운 손님을 불러온다 하자. 하나 경망스럽게 그리 반가워할 것은 없다. 보아라, 가령 새벽이 왔다 하더라도 이 마을은 그대로 암담하고 나도 그대로 암담하고 하여서 너나 나나 이 가랑지길에서 주저 주저 아니치 못할 존재들이 아니냐.

나무가 있다.

그는 나의 오랜 이웃이요 벗이다. 그렇다고 그와 내가 성격이나 환경이나 생활이 공통한 데 있어서가 아니다. 말하자면 극단과 극단 사이에도 애정이 관통할 수 있다는 기적적인 교분의 표본에 지나지 못할 것이다.

나는 처음 그를 퍽 불행한 존재로 가소롭게 여겼다. 그의 앞에 설 때 슬퍼지고 측은한 마음이 앞을 가리곤 하였다. 마는 돌이켜 생각컨대 나무처럼 행복한 생물은 다시 없을 듯하나. 굳음에는 이루 미칠 데 없는 바위에도 그리 탐탁치는 못할망정 자양분이 있다하거늘 어디로 간들 생의 뿌리를 박지 못하며 어디로 간들 생활의 불평이 있을소냐.

칙칙하면 솔솔 솔바람이 불어오고, 심심하면 새가 와서 노래를
부르다 가고, 촐촐하면 한 줄기 비가 오고, 밤이면 수많은 별들과
오손도손 이야기할 수 있고 ― 보다 나무는 행동의 방향이란
거추장스런 과제에 봉착하지 않고 인위적으로든 우연으로서든
탄생시켜 준 자리를 지켜 무진무궁한 영양소를 흡취하고 영롱한
햇빛을 받아들여 손쉽게 생활을 영위하고 오로지 하늘만 바라고
뻗어질 수 있는 것이 무엇보다 행복스럽지 않으냐.

이 밤도 과제를 풀지 못하여 안타까운 나의 마음에 나무의 마음이
점점 옮아오는 듯하고, 행동할 수 있는 자랑을 자랑치 못함에
뼈저리듯 하나 나의 젊은 선배의 웅변이 왈 선배도 믿지 못할
것이라니 그러면 영리한 나무에게 나의 방향을 물어야 할 것인가.

어디로 가야 하느냐, 동이 어디냐, 서가 어디냐, 남이 어디냐,
아차! 저 별이 번쩍 흐른다. 별똥 떨어진 데가 내가 갈 곳인가 보다.
하면 별똥아! 꼭 떨어져야 할 곳에 떨어져야 한다.

Little Communicant, Church of
Mourning 1909~1912

Mother Catherine's Restaurant in
Montmartre 1917

Cabaret Le Lapin Agile 1938

Snow over Montmartre

A Street in a Suburb of Paris

Pontoise, l'Eperon Street and Street de la Coutellerie 1914

View of Pontoise

The Quartier Saint-Romain at Anse, Rhone

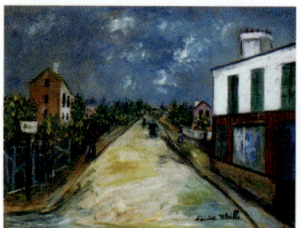

Road in Argenteuil 1914

The Debray Farm

Mont Cenis Street in the Snow

Suburban Street Scene

The House of Mimi Pinson in Montmartre

Rue Norvins à Montmartre 1941

Passage Cottin, Montmartre 1922

Montmartre

Rue De Crimea, Paris

Square Tertre on Montmartre(Le Place du Tertre) 1910

The House of Mimi Pinson at Montmartre 1931

Farm on L'Ile d'Ouessant (Finistere) 1910-1911

Church- The Chartreuse of Neuville-
Sous-Montreuil

Rue Vauconsant, in Sannois(Val-D'oise)

La basilique de Longpont 1925

Square Tertre on Montmartre

Lapin Agile 1910s

Square Saint-Pierre in Montmartre 1908

Lapin Agile 1912

Saint-Léger church, Soissons

Chaudoin House

Castle in Charente

Chapelle de Buis 1921

Rue Marcadet in Montmartre

Moulin de la Galette, Montmartre 1926

Flowers 1940

Le Moulin de la Galette et le Sacré-Coeur

Notre-Dame 1909

Moulin de la Galette, Montmartre 1923

Eglise Saint-Severin

Église, Rue Montalant Sous La Neige À
Marizy Sainte-Geneviève (Aisne)

Sacré-Coeur de Montmartre et square
Saint-Pierre 1935

Le Moulin de la Galette

Le Maquis de Montmartre 1948

La Place St. Pierre et le Sacré Coeur de
Montmartre 1938

The Pink House in Montmartre 1916

Avenue de Versailles et la Tour Eiffel

# 11월의 화가와 시인 이야기

# 고독과 고통 속에서 피어난 예술
## 모리스 위트릴로 이야기

# 모리스 위트릴로

모리스 위트릴로는 1883년 12
월 26일, 프랑스 파리의 몽마르
트르에서 태어났다. 우리에게
는 수잔 발라동이라는 이름으
로 익숙한 마리 클레망틴 발라
동(Marie-Clémentine Valadon)
의 사생아로 태어났다. 아버지
가 누구인지에 대해 많은 소문
이 돌았는데, 스페인 출신의
작가이자 미술 평론가인 미구
엘 위트릴로(Miguel Utrillo)가 모리스에게 성(姓)을 물려주는 호의
를 베풀어 모리스 위트릴로라 불렸다. 약 8년 뒤, 미구엘 위트릴로
는 공개적으로 그리고 법적으로 모리스 위트릴로가 친자임을 인
정했다. 그럼에도 불구하고, 친부를 둘러싼 추측은 여전히 이어지
고 있다.

위트릴로는 어머니의 예술적 재능을 물려받았지만, 어린 시절부
터 불안정하고 내성적인 성격을 보였다. 일찍이 이상할 정도로 음
주벽을 보였고, 1900년에는 알코올 중독으로 입원까지 하게 된
다. 알코올 중독을 고치기 위해, 어머니와 의사의 권유에 따라 그
림을 그리기 시작했으나 음주벽은 고쳐지지 않아 입원을 거듭했
다. 또한 거의 독학으로 그림을 배우며 화단에서도 고립되었다.

Montmartre Street

Moulin de la Galette

## 쓸쓸한 회색빛으로 그려낸
## 파리와 몽마르트르의 풍경

모리스 위트릴로의 작품 세계는 파리의 언덕, 특히 몽마르트르의 거리와 집, 교회를 중심으로 펼쳐졌다. 그러나 그가 바라본 몽마르트르는 화려한 예술가들의 도시가 아니었다. 위트릴로가 그린 거리는 늘 적막했고, 인적이 드물었으며, 하늘은 흐릿한 회색으로 물들어 있었다. 그는 낡은 담벼락과 빛이 바랜 지붕, 비에 젖은 돌길을 통해 도시의 쓸쓸한 숨결을 포착했다.

위트릴로의 그림에는 늘 정적이 깃들어 있었고, 그 속에는 인간 존재의 외로움이 녹아 있었다. 그에게 몽마르트르는 단순한 풍경이 아니라, 마음속 깊은 그리움과 고독을 투사하는 내면의 공간이기도 했다.

또한 위트릴로는 술과 병, 그리고 예술 사이를 끝없이 오갔고, 그 불안정한 삶의 흔적이 그대로 화폭에 새겨졌다. 때로는 술에 의지하며 현실의 고통을 잊고자 했지만, 결국 붓을 드는 일만이 그에게 유일한 구원이자 고백이었다. 위트릴로의 회색빛 세계는 절망의 그림자가 아니라, 슬픔 속에서도 사라지지 않는 인간적 온기를 담은 세계였다.

Le Passage Cottin 1910

La Porte Saint Martin  1910

Church at St Hilaire 1911

## 고요한 몽마니에서
## 내면의 평화를 그리다

모리스 위트릴로의 작품 활동은 크게 네 시기로 구분할 수 있다. 첫 번째로 1903년부터 1905년까지 시기를 몽마니 시대라고 하는데, 위트릴로는 알코올 중독 치료와 정신적 안정을 위해 파리 북쪽 교외의 조용한 마을 몽마니로 옮겨 살았다. 이 시기는 몽마르트르의 화려한 예술가 거리에서 벗어나 내면의 평온을 되찾기 위한 시기이기도 했다. 몽마니에서 그는 소박한 골목, 인적 드문 교회, 허름한 벽과 집들을 소재로 삼아, 세속적인 도시의 번잡함 대신 고요하고 정적인 세계를 그려냈다.

몽마니 시대에 완성된 작품들은 이전보다 한층 절제된 색감과 단단한 구도를 특징으로 한다. 회색빛과 흰색을 중심으로 한 차분한 팔레트는 위트릴로 특유의 '백색 시대(Période blanche)'까지 이어지며, 그가 느낀 외로움과 정화를 동시에 표현한다. 건물의 형태는 단순하지만 묘하게 기울어 있고, 인물은 거의 등장하지 않으며, 시간마저 멈춘 듯한 정적이 화면을 지배한다. 이러한 특징은 위트릴로가 현실의 고통 속에서도 내면의 질서를 찾으려 했던 태도를 보여주며, 그의 회화가 단순한 풍경화가 아닌 '고요 속의 인간성'을 담은 예술로 발전했음을 말해준다

Church and Street in Montmagny

The Garden at Montmagny

Near Montmagny

## 빛의 흐름과 밝은 색감으로
## 몽마르트르를 생동감 있게 담아내다

두 번째로 1906년부터 1908년까지의 시기를 인상파 시대라고 한다. 모리스 위트릴로의 인상파 시대는 그의 예술 세계에서 감정의 온기가 서서히 되살아난 시기로 평가된다. 이전의 우울하고 침울한 색조에서 벗어나, 이 시기에는 보다 밝은 팔레트와 부드러운 필치가 등장한다. 몽마니에서 파리로 돌아와 다시 몽마르트르의 거리와 건물을 주제로 삼았지만, 이전과는 달리 빛의 변화와 계절의 분위기를 세심하게 포착하며 도시의 생동감을 표현하려 했다. 특히 흰색과 회색의 미묘한 조화를 통해 안개 낀 파리의 정서를 전달하는 동시에, 인상주의 특유의 순간적 인상을 섬세하게 그려냈다. 이 시기 작품들에서 위트릴로는 구조적 정확성보다 감각적 분위기를 중시하며, 빛의 흐름과 색의 울림으로 도시 풍경에 서정성을 불어넣었다. 인상파적 접근을 통해 그는 외적 현실보다 내면의 정서를 표현하는 새로운 회화적 언어를 확립했고, 이는 훗날 20세기 도시풍경화의 발전에 중요한 영향을 미쳤다.

Street in Montmartre

Windmills of Montmartre

The Pont Saint-Michel, Paris 1908

## 흰색으로 담아낸 고독
## 위트릴로 예술의 정점

모리스 위트릴로의 백색시대는 1908년부터 1914년경까지로, 그의 예술적 정점으로 평가받는 시기다. 이 시기 위트릴로는 '백색의 화가'로 불릴 만큼 흰색의 다양한 변주를 탐구했다. 그는 석회와 백악을 섞어 두껍게 칠한 물감을 사용하여 벽의 질감과 거리의 빛을 사실적으로 재현했으며, 회색, 베이지색, 파란색 등을 미묘하게 섞어 도시의 정적이면서도 신비로운 분위기를 만들어냈다. 백색시대의 작품들은 주로 몽마르트르와 파리 외곽의 거리, 교회, 광장 등을 소재로 삼았고, 인적이 드문 거리나 낡은 건물을 통해 고요한 쓸쓸함과 시간의 흔적을 담아냈다. 이전의 인상파적 밝음 대신, 차분하고 고독한 정서가 배어 있으며, 도시의 정적 속에서 느껴지는 인간 존재의 고요한 슬픔이 두드러진다.

이 시기 작품들에서 위트릴로는 현실을 낭만화하지 않고, 도시의 침묵과 빛의 잔향을 화폭에 그대로 담아내는 냉정한 시선을 유지했다.

또한 위트릴로는 흰색을 중심으로 한 제한된 색채 속에서도 빛과 그림자의 미묘한 대비를 통해 깊이 있는 공간감을 형성하며, 그만의 독자적인 도시풍경화 양식을 완성했다. 백색시대의 작품들은 단순한 거리 풍경을 넘어, 인간의 내면적 고독과 시간의 정서를 시적으로 표현한 결과물로 평가받는다.

Moulin de la Galette under the snow

Street at Corté, Corsica 1913

L'Impasse Cottin 1910-1911

L'église Saint-Séverin, 1925

Marizy-Sainte-Geneviève 1910

## 자유로운 색감과 붓질,
## 20세기 도시풍경화에 남긴 영향

1915년부터 이어진 다색시대는 모리스 위트릴로의 화풍에서 색채가 극적으로 확장된 시기다. 이 시기 위트릴로는 이전의 백색시대에서 보여준 회색과 은은한 색조를 넘어, 선명한 색감들을 자유롭게 결합하며 도시와 자연 풍경을 다채롭게 표현했다. 붓질은 한층 자유롭고 즉흥적이며, 벽과 건물, 골목의 구조를 단순화하면서도 색의 대비와 조화로 화면에 활력을 불어넣었다. 다색시대의 특징은 단순히 색이 밝아진 것에 그치지 않고, 감정과 정서를 색채로 직관적으로 전달하려는 시도로, 위트릴로의 내면적 세계가 더욱 개방적이고 풍부하게 드러나는 시기였다.

이 시기의 작품들은 몽마르트르, 몽마니, 파리 교외 등의 도시 풍경을 중심으로 하며, 거리, 교회, 광장, 카페 등 일상의 공간에 생기를 불어넣는다. 이전 시기보다 강렬하고 밝은 색채와 선명한 대비를 통해 거리와 건물이 그림 속에서 마치 살아 움직이는 듯한 느낌을 준다.

Alfortville 1923

Rue Jean Durand Et L'église, Stains (Seine Saint Denis)  1938-1940

La Maison Bernot

Distillery of Saint-Denis  1923

Land sale at Gentilly

## 고통을 예술로 바꾼 영혼
## 고유의 세계를 구축한 화가

모리스 위트릴로의 말년은 고독과 회복의 시간이 교차한 시기였다. 오랜 알코올 중독과 정신적 불안 속에서도 그는 붓을 놓지 않았고, 프랑스 남부와 노르망디 등지를 전전하며 꾸준히 작업을 이어갔다. 이전의 우울하고 어두운 색조 대신, 점차 밝고 부드러운 색을 사용하며 마음의 평온을 찾으려 했다. 특히 생우엥과 뇌이쉬르센에서 그린 후기 작품들은 세월의 흔적이 묻은 벽과 고요한 거리, 저녁의 잿빛 하늘을 통해 삶의 덧없음과 내면의 정화를 동시에 표현한다. 1955년에는 프랑스 정부로부터 레지옹 도뇌르 훈장을 받으며 생전에 명성을 인정받았다.

위트릴로가 예술계에 남긴 영향은 '몽마르트르의 화가'라는 단순한 수식어를 넘어선다. 그는 화려한 도시의 이면, 즉 서민의 삶과 낡은 거리의 정취 속에 숨어 있는 인간적 외로움을 포착했다. 인상주의나 표현주의 어느 한 틀에도 속하지 않으면서, 자신만의 고유한 회색빛 세계를 구축했다는 점에서 독창적이다. 그의 작품은 이후 도시 풍경화를 그린 수많은 화가들에게 영향을 주었으며, '고독한 영혼의 화가'로서 예술이 인간의 고통을 어떻게 승화시킬 수 있는지를 보여준 상징적인 존재로 남았다.

Exploring Sacré-Cœur Basilica

Church of St. Leomer 1929

Fortification on the north of Paris  1925

Sacré-Coeur de Montmartre, and the rue Saint-Rustique  1937

Restaurant Bibet at Saint Bernard  1925

# 11월의 시인들

김영랑
노자영
박용철
변영로
심훈
오장환
윤곤강
윤동주
이장희
장정심
정지용
노자와 본초
무카이 교라이
미야자와 겐지
야마구치 소도

# 김영랑

金永郎. 1903~1950. 시인이자 독립운동가다. 본관은 김해(金海). 본명은 김윤식(金允植). 영랑은 아호인데《시문학》에 작품을 발표하면서부터 사용하기 시작했다. 1903년 전라남도 강진에서 태어났다. 강진보통학교를 졸업한 후 1917년 휘문의숙에 입학했지만 1919년 3·1운동 때 학교를 그만두고 강진에서 만세운동을 벌일 계획을 세우다 체포되었다. 징역 1년 형을 받고 투옥되었지만, 실제 만세운동을 벌이지 않았다는 이유로 무죄를 선고받았다. 이후 1920년 일본 유학길에 올라 아오야마학원에서 영문학을 공부했다. 일본에서 유학하며 아나키스트이자 사회운동가인 박열과 교류했다. 1923년 관동 대지진이 일어나면서 학업을 중단하고 귀국했다.

1930년 정지용, 박용철 등과 함께《시문학》동인에 가입하며 본격적인 작품 활동을 시작했다. 초기 시는 1935년 박용철에 의하여 발간된『영랑시집』초판의 수록시편들이 해당되는데, 여기서는 자연에 대한 깊은 애정이나 인생을 바라보는 태도에서의 역정(逆情)·회의 같은 것은 찾아볼 수 없다. '슬픔'이나 '눈물'의 용어가 수없이 반복되면서 그 비애의식은 영탄이나 감상에 기울지 않고, '마음'의 내부로 향하며 정감의 극치를 이루고 있다. 김영랑의 초기 시는 같은 시문학동인인 정지용 시의 감각적 기교와 더불어 그 시대 한국 순수시의 극치를 보여주고 있다.

김영랑은 특히 서정시의 대표적인 시인으로, 감성적이고 아름다운 언어로 민족적 정서를 표현하는 데 집중했다. 그의 시에는 자연과 인간, 사랑과 이별, 그리고 고향에 대한 향수가 깊이 묻어난다. 대표적인 작품으로는 「모란이 피기까지는」 「나그네」 「춘원」 「별」 「시인의 시」 등이 있다. 특히 「모란이 피기까지는」은 김영랑의 대표적인 시로, 사랑과 기다림, 그리고 삶에 대한 깊은 성찰이 녹아 있는 작품이다.

김영랑은 문학적인 성향상, 전통적인 한국 시의 양식을 고수하면서도, 그 안에 근대적 감각을 녹여내고자 했다. 그는 민족의 정서를 현대적이고 미학적인 방식으로 풀어내는 데 집중했다. 이러한 특성 덕분에 김영랑은 한국 문학사에서 중요한 역할을 하게 되었다.

1940년을 전후하여 민족항일기 말기에 발표된 「거문고」 「독(毒)」을 차고」 「망각(忘却)」 「묘비명(墓碑銘)」 등의 후기 시에서는 그 형태적인 변모와 함께 인생에 대한 깊은 회의와 '죽음'의 의식이 나타나 있다.

김영랑은 1950년 한국전쟁 당시 서울에서 포탄 파편에 맞아 48세에 사망했다.

# 노자영

盧子泳. 1898~1940. 시인이자 작가다. 호
는 춘성(春城)이며, 출생지는 황해도 장연
또는 송화군으로 전해지고 있지만 정확한
것은 알 수가 없다.

평양 숭실중학교에 입학하여 신문학을 접
하면서 톨스토이, 하이네, 보들레르 등을
탐독했다. 졸업 후에는 고향의 양재학교에
서 교편생활을 한 적이 있으며, 문학에 대한 열정도 계속되어 낮에는
학생들을 가르치고 밤에는 글을 썼다.

1919년 상경하여 한성도서주식회사에 입사하여 잡지《학생계》와《서
울》의 기자로 활동했다. 이 시기에 같은 잡지에 시를 발표하기 시작했
다. 1935년에는 조선일보 출판부에 입사하여《조광(朝光)》을 맡아 편
집하였다. 1938년에는 기자 생활을 청산하고 청조사(靑鳥社)를 직접 경
영한 바 있다.

노자영의 시는 낭만적 감상주의로 일관되고 있으나 때로는 신선한 감
각을 보여주기도 한다. 산문에서도 소녀 취향의 문장으로 명성을 떨쳤
다.『처녀의 화환』(1924)『내 혼이 불탈 때』(1928)『백공작』(1938) 등의 시
집과『청춘의 광야』(1924)『표박(漂泊)의 비탄』(1925)『사랑의 불꽃: 연애
서간』(1931)『나의 화환-문예미문서간집』(1939) 등의 문집, 그리고『반
항』(1923)『무한애의 금상』(1925) 등의 소설집을 출간했다.

# 박용철

朴龍喆. 1904~1938. 시인이자 문학평론
가, 번역가 등으로 활동했다. 전라남도 광
산군(현 광주광역시 광산구)에서 출생하였
다. 배재고등보통학교를 거쳐 일본 도쿄
아오야마 학원(青山學園)과 연희전문에서
수학했다.

일본 유학 중 시인 김영랑과 교류하며
1930년 《시문학》을 함께 창간해 등단했
다. 1931년 《월간문학》, 1934년 《문학》 등을 창간해 순수문학 계열로
활동했다. "나 두 야 간다/나의 이 젊은 나이를/눈물로야 보낼거냐/나
두 야 가련다"로 시작되는 대표작 「떠나가는 배」 등의 시는 그의 초기작
이고, 이후로는 주로 극예술연구회의 회원으로 활동하며 해외 시와 희
곡을 번역하고 평론을 발표하는 방향으로 관심을 돌렸다.

1938년 결핵으로 사망해 자신의 작품집은 생전에 내보지 못했다. 사망
1년 후 『박용철 전집』이 시문학사에서 간행됐다. 전집의 전체 내용 중
번역이 차지하는 부분이 절반이 넘어, 박용철의 번역 문학에 대한 관심
을 알 수 있다. 괴테, 하이네, 릴케 등 독일 시인의 시가 많았다. 번역 희
곡으로는 셰익스피어의 『베니스의 상인』, 헨리크 입센의 『인형의 집』
등이 있다. 극예술연구회 회원으로 활동하며 번역한 작품들이다.

박용철은 1930년대 문단에서 임화와 조선프롤레타리아예술가동맹으
로 대표되는 경향파 리얼리즘 문학, 김기림으로 대표되는 모더니즘 문

학과 대립해 순수문학이라는 흐름을 이끌었다. 김영랑, 정지용, 신석
정, 이하윤 등이 같은 시문학파들이다.

박용철의 시는 김영랑이나 정지용과 비교해 시어가 맑거나 밝지는 않
은 대신, 서정시의 바탕에 사상성이나 민족의식이 깔려 그들의 시에서
는 없는 특색이라는 평가가 있다. 그는 릴케와 키에르케고르의 영향을
받아 회의·모색·상징 등이 주조를 이룬다.

광주에 생가가 보존돼 있고 광주공원에는 「떠나가는 배」가 새겨진 시
비도 건립되어 있다. 광주광역시 광산구에서는 매년 용아예술제를 열
고 있다.

# 변영로

卞榮魯. 1898~1961. 대한민국의 시인
이며 동아일보 기자, 성균관대학교 영
문과 교수 등을 역임한 영문학자다.
본관은 밀양(密陽)이다. 본명은 변영
복(卞榮福)이었으나, 나중에는 영로(榮
魯)라는 이름을 주로 썼고, 61세가 되
던 1958년이 되어서야 변영로로 정식
개명하였다. 호는 수주(樹州)다.
계동보통학교를 졸업하고, 1910년 사
립 중앙학교에 입학하였으나 1912년 중퇴하였다. 1915년 조선중앙기
독교청년회학교 영어반에 입학하여 3년 과정을 6개월 만에 마쳤다.
1918년 《청춘(靑春)》에 영시 「코스모스(Cosmos)」를 발표하면서부터 시
인으로 활동하였다. 1919년에는 독립선언서를 영문으로 번역하였다.
1920년에 《폐허(廢墟)》, 1921년에는 《장미촌(薔薇村)》 동인으로 참가
하였으며, 《신민공론(新民公論)》 주필을 지냈다. 신문학 초창기에 등
장한 신시(新詩)의 선구자로서, 압축된 시구 속에 서정과 상징을 담은
기교를 보였다. 대표작으로는 1922년 《신생활》에 발표한 「논개」 등이
있다.
이화여자전문학교 강사, 동아일보 기자, 잡지 《신가정》 주간, 성균
관대학교 영문과 교수, 해군사관학교 영어교관 등을 역임하였다.
1961년 3월 14일 인후암으로 사망하였다.

# 심훈

沈熏. 1901~1936. 대한민국의 소설가·시인이자 영화인이다. 1901년 9월 12일 서울 노량진에서 태어났다. 본명은 심대섭(沈大燮), 호는 해풍(海風)이었으며, 아명은 삼준 또는 삼보였다. 경성제일고보 재학 중에는 3·1운동에 참가하였다가 4개월간 복역하기도 한 항일시인이다.

1933년 장편 「영원(永遠)의 미소(微笑)」를 《조선중앙일보(朝鮮中央日報)》에 연재하였고, 단편 「황공(黃公)의 최후(最後)」를 탈고하였다(발표는 1936년 1월 신동아). 1934년 장편 「직녀성(織女星)」을 《조선중앙일보》에 연재하였으며, 1935년 장편 「상록수(常綠樹)」가 《동아일보》 창간15주년 기념 장편소설 특별공모에 당선, 연재되었다.

「동방의 애인」 「불사조」 등 두 번에 걸친 연재 중단사건과 애국시 「그날이 오면」에서 알 수 있듯이 그의 작품에는 강한 민족의식이 담겨 있다. 「영원의 미소」에는 가난한 인텔리의 계급적 저항의식, 식민지 사회의 부조리에 대한 비판정신, 그리고 귀농 의지가 잘 그려져 있으며 대표작 「상록수」에서는 젊은이들의 희생적인 농촌사업을 통하여 강한 휴머니즘과 저항의식을 고취시킨다.

1936년 9월 16일, 출판을 준비하던 중 사망하였다.

# 오장환

吳章煥. 1918~?. 대한민국의 시인이다.
충북 보은에서 태어났다. 경기도 안성
으로 이주하여 1930년 안성보통학교
를 졸업하였고, 휘문고보를 중퇴한 후
잠시 일본 유학을 했다. 휘문고보 재학
중에는 시인 정지용에게서 시를 배웠
다. 문예반 활동을 하면서 교지《휘문》
에 「아침」, 「화염」과 같은 시를 발표했고,
《조선문학》에 「목욕간」을 발표하면서 시인으로 활동했다.
오장환의 초기시는 서자라는 신분적 제약과 도시에서의 타향살이, 그
에 따른 감상적인 정서와 관념성이 형상화되었다. 1936년《조선일보》
《낭만》 등에 발표한 「성씨보」, 「향수」, 「성벽」, 「수부」 등이 이런 경향을 잘
보여주고 있다. 1937년에 시집 『성벽』, 1939년에 『헌사』를 간행하였다.
그의 시에는 고향에 대한 그리움이 일관되게 나타난다. 오장환의 작품
에서 그리움은, 도시의 신문물을 비판적으로 바라보는 비판 정신이기
도 히고, 어떤 때는 고향과 육친에 대한 그리움, 또한 광복 이후 조국 건
설에 대한 지향이기도 하다.
일제강점기에 친일시를 단 한 편도 쓰지 않으며 궁핍한 시기를 견딘 그
는 신장병을 앓다가 해방을 맞았다. 이후 활발하게 활동하다가 미소공
동위원회에서 테러를 당하고 6·25전쟁의 와중에 치료를 받지 못한 채
34살의 나이에 안타깝게 사망하였다.

# 윤곤강

尹崑崗. 1911~1949. 일제강점기의 시인이자 문학평론가다. 1911년 충청남도 서산에서 태어났으며, 본명은 윤붕원(尹朋遠), 아명은 윤명원(尹明遠)이다. 1930년 보성고등보통학교를 졸업한 뒤 같은 해 혜화전문학교(지금의 동국대학교)에 입학했다가 중퇴했다. 이후 1933년 일본으로 갔으며, 1935년  센슈대학교 법철학과를 졸업했다.

1936년 《시학(詩學)》 동인의 한 사람으로 문단에 등장했다. 초기에는 카프(KAPF)파의 한 사람으로 시를 썼으나 곧 암흑과 불안, 절망을 노래하는 퇴폐적 시풍을 띠게 되었고 풍자적인 시를 썼다. 윤곤강의 시는 초기에 하기하라 사쿠타로와 보들레르의 영향을 받았고, 해방 후에는 전통적 정서에 대한 애착과 탐구로 기울어지기 시작했다.

윤곤강의 작품세계는 크게 해방 전과 후로 나뉜다. 초기 시집에서는 식민지 지식인의 허탈함과 무력함을 담은 고통스러운 현실을 노래했다. 해방 이후에는 전통을 계승하고 민족 정서를 탐구하고자 하며 새로운 시도를 했다.

동인지 《시학》을 주간하였으며, 출간한 시집으로는 첫 시집 『대지』(1937)를 비롯해 『만가』(1938) 『동물시집』(1939) 『빙화』(1940) 『살어리』(1948) 등이 있고, 시론집으로 『시와 진실』(1948)이 있다.

# 윤동주

尹東柱. 1917~1945. 일제강점기의 저
항(항일) 시인이자 독립운동가다. 아
명은 해환(海煥). 만주 북간도의 명동
촌에서 태어났으며, 기독교인인 할아
버지의 영향을 받았다. 1931년(14세)
에 명동소학교를 졸업하고, 한때 중국
인 관립학교인 대랍자(大拉子)소학교
를 다니다 가족이 용정으로 이사하자
용정에 있는 은진중학교에 입학했다.

1935년에 평양의 숭실중학교로 전학하였으나, 학교에 신사참배 문제
가 발생하여 폐쇄당하고 말았다. 다시 용정에 있는 광명학원의 중학부
로 편입하여 거기서 졸업했다. 1941년에는 서울의 연희전문학교 문과
를 졸업하고, 일본으로 건너가 도쿄에 있는 릿쿄 대학 영문과에 입학했
다가, 다시 1942년, 도시샤 대학 영문과로 옮겼다. 1943년 7월 학업 도
중 귀향하려던 시점에 항일운동을 했다는 혐의로 일본 경찰에 체포되
어 2년 형을 선고받고 후쿠오카 형무소에서 복역했다. 그러나 복역 중
건강이 악화되어 1945년 2월에 생을 마감하고 말았다. 유해는 그의 고
향 용정에 묻혔다. 한편, 그의 죽음에 관해서는 옥중에서 정체를 알 수
없는 주사를 정기적으로 맞은 결과이며, 이는 일제의 생체실험의 일환
이었다는 주장도 제기되고 있다.

15세부터 시를 쓰기 시작하여 첫 작품으로 「삶과 죽음」「초한대」를 썼

다. 발표 작품으로는 만주 연길에서 발간된 잡지 《가톨릭 소년》에 실린 동시 「병아리」 「빗자루」 「오줌싸개 지도」 「무얼 먹구사나」 「거짓부리」 등이 있다. 연희전문학교 시절 작품으로는 《조선일보》에 발표한 산문 「달을 쏘다」, 교지 《문우》에 게재된 「자화상」 「새로운 길」이 있다. 그의 유작인 「쉽게 쓰여진 시」는 사후인 1946년 《경향신문》에 게재되기도 했다.

윤동주의 대표작으로는 「서시」 「별 헤는 밤」 「자화상」 등이 있으며, 그 중에서도 「서시」는 그의 철학적이고 민족적 고뇌를 잘 나타낸 작품으로, 현재까지도 많은 사람들이 기억하는 명작으로 꼽힌다. 이 시는 자기 자신을 고백하는 형식으로 시작되며, 일제의 압박 속에서 자아를 찾고자 하는 고독한 내면의 목소리를 담고 있다.

윤동주의 절정기에 쓰인 작품들을 1941년 연희전문학교를 졸업하던 해에 '하늘과 바람과 별과 시'라는 제목으로 발간하려 하였으나 뜻을 이루지 못했다. 그의 자필 유작 3부와 다른 작품들을 모아 친구 정병욱과 동생 윤일주가, 사후에 그의 뜻대로 1948년, 『하늘과 바람과 별과 시』라는 제목으로 출간했다. 29년의 짧은 생애를 살았지만 특유의 감수성과 삶에 대한 고뇌, 독립에 대한 소망이 서려 있는 작품들로 인해 대한민국 문학사에 길이 남은 전설적인 문인이다. 2017년 12월 30일, 탄생 100주년을 맞이했다.

# 이장희

李章熙. 1900~1929. 일제강점기의 시
인이다. 본명은 이양희(李樑熙), 아호
는 고월(古月). 1900년 경상북도 대구
에서 태어났다. 대구보통학교와 일본
교토중학교를 졸업했다. 1920년에 이
장희(李樟熙)로 개명하였으나 필명으
로 장희(章熙)를 사용한 것이 본명처
럼 되었다. 문단의 교우 관계는 양주
동·유엽·김영진·오상순·백기만·이상화 등 극히 제한되어 있었다. 이장
희의 아버지는 조선총독부 중추원의 참의로서 일본인들과의 교류가
활발했다. 이장희에게 통역을 맡기려고 하거나 총독부 관리로 취직하
라고 권유했지만 이장희는 그 말들을 한 번도 따르지 않고 모두 거부했
다. 이후 이장희의 아버지도 이장희를 버린 자식으로 취급했으며, 이장
희는 매우 가난하게 살았다. 세속적인 것을 싫어하여 고독하게 살다가
1929년 11월 대구 자택에서 음독자살했다.
1924년 《금성》 3월호에 「실바람 지나간 뒤」 「새 한 마리」 「불놀이」 「무
대」 「봄은 고양이로다」 등 5편의 시와 톨스토이 원작의 번역소설 『장구
한 귀양』을 발표하면서 등단했다. 이후 《신민》 《생장》 《여명》 《신여
성》 《조선문단》 등 잡지에 「동경」 「석양구」 「청천의 유방」 「하일소경」
「봄철의 바다」 등 30여 편의 작품을 발표했다. 요절하였기에 생전에 출
간된 시집은 없으며, 이장희의 사후인 1951년에 백기만이 6·25 한국전

쟁 중 청구출판사에서 펴낸『상화와 고월』에 시 11편만 실려 전해지다가 제해만 편『이장희전집』(1982)과 김재홍 편『이장희전집평전』(1983) 등 두 권의 전집에 유작이 모두 실렸다.

이장희의 전 시편에 나타난 시적 특색은 섬세한 감각과 시각적 이미지, 그리고 계절의 변화에 따른 시적 소재의 선택에 있다. 대표작「봄은 고양이로다」는 다분히 보들레르와 같은 발상법을 바탕으로 하고 있는데 '고양이'라는 한 사물이 예리한 감각으로 조형되어 생생한 감각미를 보인다. 이 시는 작자의 순수지각(純粹知覺)에서 포착된 대상인 고양이를 통해서 봄이 주는 감각을 집약적으로 표현하고 있다. 1920년대 초반의 시단은 퇴폐주의·낭만주의·자연주의·상징주의 등 서구 문예사조에 온통 휩싸여 퇴폐성이나 감상성이 지나치게 노출되어 있었음에도 불구하고, 이장희의 시는 섬세한 감각과 이미지의 조형성을 보여주고 있다. 바로 뒤를 이어 활동한 정지용과 함께 한국시사에서 새로운 시적 경지를 개척했다.

# 장정심

張貞心. 1898~1947. 일제강점기의 시
인이자 독립운동가다. 1898년 개성에
서 태어났다. 호수돈여자고등보통학
교를 마치고 서울로 와서 이화학당유
치사범과와 협성여자신학교를 졸업
하고 감리교여자사업부 전도사업에
종사했다.

1927년경부터 시를 쓰기 시작하여 많
은 작품을 신문과 잡지에 발표했다. 기독교계에서 운영하는 잡지《청
년(靑年)》에 발표하면서부터 등단했다. 1933년 한성도서주식회사에
서 간행한 『주(主)의 승리(勝利)』는 그의 첫 시집으로 신앙생활을 주제
로 하여 쓴 단장(短章)으로 엮었다. 1934년 경천애인사(敬天愛人社)에
서 출간된 두 번째 시집 『금선(琴線)』은 서정시·시조·동시 등으로 구분
하여 200수 가까운 많은 작품을 수록하고 있다.

장정심의 시는 서정적이고 감성적이며, 자아의 내면과 여성적 정서를
중심으로 한 작품들이 많다. 또한, 근대화와 전쟁, 여성의 삶에 대한 고
찰을 시로 풀어내며, 한국 문학에서 여성의 목소리를 더욱 선명하게 표
현한 시인으로 평가된다. 독실한 신앙심을 바탕으로 한 맑고 고운 서정
성의 종교시를 씀으로써 선구자적 소임을 다한 시인으로 높이 평가되
고 있다.

# 정지용

鄭芝溶. 1902~1950. 대한민국의 대
표적 서정 시인이다. 충청북도 옥천
군에서 태어났다. 연못의 용이 하늘
로 올라가는 태몽을 꾸었다고 하여
아명은 지룡(池龍)이라고 했다. 당시
풍습에 따라 열두 살에 송재숙과 결
혼했으며, 1914년 아버지의 영향으로
로마 가톨릭에 입문하여 '방지거(方

濟各, 프란치스코)'라는 세례명을 받았다. 옥천공립보통학교와 휘문고
등보통학교를 졸업했고, 일본의 도시샤대학에서 영문학을 공부했다.
1926년《학조》창간호에 「카페·프란스」를 발표하면서 등단했다.
정지용은 섬세하고 독특한 언어를 구사하며, 생생하고 선명한 대상 묘
사에 특유의 빛을 발하는 시인이다. 한국현대시의 신경지를 열었다는
평가를 받고 있으며, 이상을 비롯하여 조지훈·박목월 등과 같은 청록파
시인들에게 영향을 주었다. 그는 휘문고보 재학 시절《서광》창간호에
소설 「삼인」을 발표하였으며, 일본 유학시절에는 대표작이 된 「향수」를
썼다. 1930년에 시문학 동인으로 본격적인 문단 활동을 했고, 구인회
를 결성하고, 문장지의 추천위원으로도 활동했다. 해방 이후《경향신
문》의 주간으로 일하며 대학에도 출강했는데, 이화여대에서는 라틴어
와 한국어를, 서울대에서는 시경을 강의했다.
1950년 한국전쟁이 일어난 뒤에는 김기림·박영희 등과 함께 서대문형

무소에 수용되었고, 이후 납북되었다가 사망했다. 사망 장소와 시기는 정확히 확인되지 않았는데, 1953년 평양에서 사망했다고 알려져 있다.

정지용은 서정적이고 감각적인 표현, 자연과 인간의 관계, 민족적 정서와 고전적 미학을 현대적 감각으로 풀어낸 시인으로, 한국 현대 시의 큰 기초를 닦았으며, 그의 문학적 특징은 오늘날까지 많은 이에게 영향을 미쳤다. 정지용의 시에서 가장 중요한 주제 중 하나는 자연과 인간을 하나로 엮는 것이다. 그는 자연과 인간의 융합을 통해 삶의 의미와 본질을 풀어냈으며, 자연의 변화를 통해 인간의 삶에 대한 성찰과 깨달음을 표현하려 했다. 특히 그의 대표작「향수」에서는 자연과 인간의 감정이 유기적으로 결합되어 하나의 독특한 시적 세계를 만들어냈다.

주요 저서로는 『정지용 시집』(1935) 『백록담』(1941) 『지용문학독본』(1948) 『산문』(1949) 등이 있다. 정지용의 고향 충북 옥천에서는 매년 5월에 지용제를 개최하고 있으며, 1989년부터는 시와 시학사에서 정지용문학상을 제정하여 매년 시상하고 있다.

# 노자와 본초

野澤凡兆. 1640~1714. 에도 시대 중기의 하이쿠 시인이다. 가나자와에서 태어났다. 젊은 시절 교토로 올라가 의사로 생계를 유지하며 문학적 활동을 이어갔다. 만년에 그는 아내와 함께 하이쿠의 대가 마쓰오 바쇼를 찾아가 가르침을 받았으나, 강한 자의식과 독자적인 성향으로 인해 스승의 가르침에 온전히 따르지 못하고 곧 떠나게 되었다. 이후에도 하이쿠 활동은 계속하였다.

노자와 본초의 시 세계는 현실적이고 사실적인 묘사로 잘 알려져 있다. 그는 자연과 일상의 풍경을 있는 그대로 포착하며, 화려한 수식이나 과장을 지양했다. 사람과 자연이 만나는 순간, 계절의 미묘한 변화, 평범한 일상 속의 정서를 담담히 그려내는 것이 그의 하이카이의 핵심이었다. 이러한 시적 태도는 독자에게 일상의 아름다움과 덧없음을 동시에 느끼게 한다.

또한 그는 마쓰오 바쇼와 그 제자들인 경래와 교라 등과 함께 하이카이 문학의 발전에 크게 기여했다. 특히 1689년에 간행된 명작 시집 『사루미노(猿蓑)』의 편집에 참여하여 바쇼파 문학의 정수를 완성하는 데 중요한 역할을 했다. 그의 작품은 계절의 정취와 감각적인 풍경 묘사를 통해 정서적 울림을 자아내며, 달빛과 눈, 빗소리 같은 자연의 이미지 속에서 인간의 내면을 섬세하게 비추고 있다.

# 무카이 교라이

向井去來. 1651~1704. 에도 시대 전기의 하이쿠 시인이다. 나가사키에서 태어났다. 무사 집안에서 태어나 후쿠오카의 어머니쪽 숙부 구메가의 양자가 되어 무예의 도를 배우고 그 비법을 궁구하였지만, 24~25세경 무도를 버리고 귀경하여 음양도의 학문을 배우러 당상가에 근무했다.

교라이는 이후 마쓰오 바쇼를 찾아가 가르침을 받았고, 마쓰오 바쇼의 가장 가까운 제자 중 한 사람이 되었다. 바쇼의 시풍인 '사비(寂び)'와 '와비(侘び)'의 정신을 깊이 이해하고 계승한 인물로, 단순히 제자로 머무르지 않고 하이카이의 이론적 체계를 정립한 학자적 면모도 지녔다. 바쇼와 함께 여러 지역을 여행하며 시를 짓고, 자연 속에서 얻은 영감을 작품에 담았다. 특히 바쇼가 교라이를 방문해 머물렀던 교토의 '락우인'은 오늘날까지도 하이카이 문학의 상징적인 장소로 전해진다. 교라이는 이곳에서 『원숭이(猿蓑)』와 같은 대표적인 하이카이 시집의 편찬에도 참여하며, 바쇼 문학의 집대성에 중요한 역할을 했다.

교라이의 시는 간결하면서도 고요한 정서를 품고 있으며, 자연과 인간의 일체감을 시석으로 표현한 것이 특징이다. 화려함보다는 절제와 여운을 중시했고, 계절의 변화와 순간의 감흥을 포착하는 데 탁월했다. 교라이는 하이쿠를 단순한 재치의 문학이 아닌, 인생의 진리를 탐구하는 시로 끌어올린 시인으로 평가받는다.

# 미야자와 겐지

宮瑞悟. 1896~1933. 일본문학사상 중앙문단과 거의 관계가 없었던 이색적인 작가로, 시·동화에 커다란 영향을 미친 인물로 인정받고 있다. 1918년 모리오카 고등농림학교를 졸업한 뒤, 지질 토양비료 연구에 종사했다. 특히 히에누키 군(稗貫郡)의 토성(土性) 조사는 뒤에 그의 활동에 중요한 의미를 주었다.

그는 농림학교 재학시절부터 단카(短歌)를 짓고 산문 습작을 하기도 했으며, 졸업 후에는 동화도 몇 편 썼다. 1921년 12월 히에누키 농학교의 교사가 되었고 이듬해 11월 사랑하는 여동생 도시의 죽음을 겪었으며, 1926년 3월까지 계속 이 학교의 교사로 있었다. 이 시기, 특히 전반기는 그의 문학이 화려한 꽃을 피운 시기였는데, 대표적인 작품은 시집 『봄과 수라(春と修羅)』(1924)와 동화『주문이 많은 음식점(注文の多い料理店)』(1924)에 실린 작품들이다.

농학교 교사시절 후반부터 농민들의 빈곤한 생활에 직면하게 된 그는 1926년 3월 하나마키로 돌아갔다. 거기서 젊은 농민들에게 농학이나 예술론을 강의하는 한편, 벼농사 지도를 위해 헌신적인 노력을 했다. 그러나 건강상태가 악화되어 병석에 눕게 되었으며 자신의 농업기술로는 농민들을 가난에서 구할 수 없다는 자각에서 비롯된 절망, 농민들의 도회지인에 대한 반감 등에 부딪혀 좌절감은 더욱 깊어만 갔다. 1933년 급성폐렴으로 37세에 요절했다. 만년에 나온 동화로는 걸작 『은하철도의 밤(銀河鐵道の夜)』『구스코 부도리 전기(グスコ-ブドリの 傳記)』등이 있다.

# 야마구치 소도

山口素堂. 1642~1716. 에도 시대 전기의 하이쿠 시인이다. 양조장집 장남으로 태어나 가업을 물려받았으나 젊은 시절부터 학문과 예술에 뜻을 두었던 탓에 가업을 동생에게 넘겼다. 한문에도 조예가 깊었으며, 세속적인 성공보다는 문학적 교양과 시적 사유를 추구하는 문화인이었다.

소도는 마쓰오 바쇼와 교류하며 하이카이 시단에서 중요한 역할을 맡았다. 기긴 문하에서 하이쿠를 배울 때 바쇼와 알게 되었으며, 하이쿠 외에는 선배 격인 점이 많아 바쇼의 시 세계에 많은 영향을 미쳤다. '긴 글은 소도, 짧은 글은 바쇼'라는 말이 있다.

1670년대 후반에는 바쇼 및 동료 시인들과 함께『에도량인집(江戸両吟集)』『에도삼인집(江戸三吟)』등의 시집 편찬에 참여하며 이름을 알렸다. 소도의 시는 바쇼의 영향을 받으면서도 보다 절제되고 담백한 특징을 지녔다. 자연과 일상의 풍경을 사실적으로 포착하고, 화려한 수식 없이 계절의 미묘한 변화를 담아낸다는 점이 대표적인 특징이다.

말년의 소도는 에도 교외인 가쓰시카 지역으로 거주지를 옮겨 조용히 시를 지으며 지냈다. 그는 명예나 학문적 권위를 좇기보다는, 자연 속에서 시를 쓰는 소박한 삶을 선택한 시인이었다. 소도의 하이쿠는 꾸밈 없는 언어와 절제된 감정 표현으로, 에도 시대 하이카이 문학의 순수한 미학을 보여준다.

Rue Cortot, Montmartre 1909

Untitled 1924

Vase with flowers

열두 개의 달 시화집 플러스 十一月

# 오래간만에 내 마음은

**초판 1쇄 인쇄** 2025년 10월 25일
**초판 1쇄 발행** 2025년 11월 1일

**시인** 윤동주 외 14명
**화가** 모리스 위트릴로
**발행인** 정수동
**편집주간** 이남경
**편집** 김유진
**표지 디자인** Yozoh Studio Mongsangso

**발행처** 저녁달
**출판등록** 2017년 1월 17일 제406-2017-000009호
**주소** 경기도 파주시 문발로 142 니은빌딩 304호
**전화** 02-599-0625
**팩스** 02-6442-4625
**이메일** book@mongsangso.com
**인스타그램** @eveningmoon_book
**ISBN** 979-11-89217-86-0  04800
**세트 ISBN** 979-11-89217-46-4  04800